KB190697

생선 아카데미

인간론 ❶

본향을 향하여

프롤로그

　생활 속 선교, 이것은 지난 2000여년간 기독교 공동체가 세상을 향해 꾸준히 던졌던 메시지입니다. 수많은 믿음의 선조들이 하나님을 아는 지식을 바탕으로 자신이 속한 가정과 일터에서 그 믿음과 삶을 실천하였습니다. 그들을 통해 가정이 바뀌고 일터 문화가 바뀌고 힘들었던 세상은 더 나은 세상으로 바뀌었습니다.

　하나님은 우리 인간의 모든 영역에 관심을 갖고 계십니다. 생활 선교사는 각자 생활의 영역에서 하나님 사랑, 이웃 사랑을 실천하며 선교적 삶을 살아가는 사람입니다. 생활 선교사가 되기 위해서는 훈련이 필요합니다. 삶의 모든 영역에서 선교사의

역할을 감당하려면 성부, 성자, 성령 하나님은 어떤 분이신지, 우리는 어디로부터 와서 어디로 가는지, 인간의 창조와 타락과 구원의 과정은 어떠한지 이러한 다양한 주제에 대해 정리가 되어 있어야 합니다.

세상은 계속해서 우리를 속이려 하기 때문에 우리는 더욱 배우기를 힘써야 합니다.

> 악한 사람들과 속이는 자들은 더욱 악하여져서 속이기도 하고 속기도 하나니 그러나 너는 배우고 확신한 일에 거하라 너는 네가 누구에게서 배운 것을 알며 또 어려서부터 성경을 알았나니 성경은 능히 너로 하여금 그리스도 예수 안에 있는 믿음으로 말미암아 구원에 이르는 지혜가 있게 하느니라 딤후 3:13~15

생활 선교사를 줄여서 생선이라 표현하고 이분들을 훈련하는 아카데미를 개설했습니다. 온라인 방송은 세계 각 지역의 한인 디아스포라에게 생선 아카데미를 전파할 수 있는 좋은 수단이 되었습니다. 미국, 일본, 중국, 홍콩, 미얀마, 인도, 태국 등 다양한 나라에서 다양한 삶의 환경에 있는 분들과 함께 소통할 수 있었습니다. 이러한 강의 내용을 다듬고 핵심을 정리하여 각각의 주제를 명확하게 이해할 수 있도록 소책자 형식으로 발간했습니다.

생선 아카데미는 총 12개 주제로 이뤄져 있습니다. 이 책은 첫 번째 주제인 인간론에서 "인류가 돌아가야 할 본향"에 대한 수업 내용입니다. 이 주제를 통해 인간이 어디로부터 와서 어디로 가야 하는지를 정리할 수 있기를 바랍니다.

생선 아카데미에 발을 들이신 독자 여러분 모두가 성경을 배우고 구원에 이르는 지혜를 깨달아 생활 선교사로서 각자 삶의 영역에서 복음을 전파하시길 소망합니다.

박진석 목사

● 생선 아카데미 3대 목표

1. 하나님의 권능, 지혜, 성품의 도움을 받아 세상 권세를 이긴다.

2. 생활 선교사로서 온전한 사랑과 믿음과 지식을 구비한다.

3. 배우고 깨달은 바를 적용하고 실천해서 삶의 실제적인 열매를 맺는다.

1장 / 인간의 참된 본향

인간의 회귀본성

세상에서 가장 편한 곳은 어디라고 생각하나요? 바로 집이 아닐까요? 제아무리 좋은 곳으로 여행을 다녀도 가장 편한 곳은 집일 것입니다. 집을 떠나 일주일, 이주일 정도 여행을 다니면 잠시 행복할지도 모르지요. 그러나 시간이 지나면 집으로 돌아가고 싶은 것이 인간의 마음입니다. 이것이 이 땅을 사는 인간의 마음이지요. 한편 인간은 집을 좋아하지만 동시에 답답함을 느끼곤 합니다. 가족을 사랑하지만 때때로 싸움이 일어나고 갈등을 경험합니다. 그럴 때마다 집은 떠나고 싶은 곳이 되곤 합니다. 아이러니한 인간의 본능이 아닐 수 없습니다. 집에 있으면 떠나고 싶고, 떠나면 돌아오고 싶어 하지요. 이것이 인간의 본성입니다. 우리에게는 '회귀본성'이 있습니다.

미국의 작곡가 존 하워드 페인(John Howard Payne, 1791~1852)이라는 사람이 있습니다. 페인은 프랑스 파리에서 떠돌이 생활을 하며 유명한 노랫말을 쓴 것으로 유명합니다. 우리나라에는 〈즐거운 나의 집〉(Home, Sweet Home)으로 알려진 노래입니다. 그는 여기저기 정처 없이 떠돌아다닌 탓에 마음 둘 곳이 없었습니다. 인생이 낭비되는 것처럼 느끼기 시작했던 것 같습니다. 그는 이렇게 가사를 써내려갔습니다.

즐거운 곳에서 날 오라 하여도
내 쉴 곳은 작은 집 내 집뿐이리

내 나라 내 기쁨 길이 쉴 곳도

꽃 피고 새 우는 집 내 집뿐이요

오 사랑 나의 집

즐거운 내 벗 나의 집뿐이리

페인은 행복하고 단란한 가족을 꾸리고 싶었습니다. 그런 마음을 담아 가사를 썼고, 이 마음은 세계적으로 유명한 노래가 되었지요. 미국 사람들은 이 노래를 사랑하게 되었습니다. 사람들이 이 노래를 얼마나 사랑했던지, 1852년 알제리에서 사망한 페인의 시신이 군함에 실려 뉴욕에 도착하던 날 미국 대통령을 포함하여 수많은 국민들의 열렬한 영접을 받았다는 이야기가 있습니다. "즐거운 나의 집"에 담긴 그의 마음이 많은 미국 국민들에게 닿았던 것이지요.

우리나라에도 비슷한 분위기의 노래가 있습니다. 일제강점기인 1926년 이원수 시인이 발표한 〈고향의 봄〉이 바로 그것입니다.

나의 살던 고향은 꽃피는 산골

복숭아꽃 살구꽃 아기 진달래

울긋불긋 꽃 대궐 차리인 동네

그 속에서 놀던 때가 그립습니다

꽃동네 새동네 나의 옛고향

파란 들 남쪽에서 바람이 불면

냇가에 수양버들 춤추는 동네

그 속에서 놀던 때가 그립습니다

　이 노래는 온 국민이 즐겨 부르는 노래입니다. 사람들은 왜 이 노래를 즐겨 부를까요? 사람이라면 누구나 고향을 그리워하지요. 고향에는 우리가 살았던 집이 있기 때문입니다.

　하나님은 세상을 만든 후 사람을 만드셨습니다. 사람을 만드시고 가장 먼저 가정을 꾸리셨습니다. 왜 하나님은 가정을 꾸리셨을까요? 왜 하나님은 남자만 창조하지 않으시고, 남자와 여자를 창조하셨을까요? 왜 하나님은 여기서 창조를 마치지 않으시고 남자와 여자를 통해 자녀를 낳게 하셨을까요? 왜 하나님은 남자와 여자 그리고 자녀를 통해 가정을 꾸리며 살아가게 만드신 것일까요? 우리 안에 특별한 유전 인자가 있기 때문입니다.

2002년에는 영화 〈집으로〉가 유행했습니다. 사람들은 영화를 보고 고향을 그리워하며 감동을 받곤 했지요. 이처럼 사람들의 마음에는 집이 있는 본향을 그리워하는 본능이 있습니다. 마치 사람이 본향을 그리워하도록 하나님이 만드신 것처럼 말이죠. 인간이라면 모두 본향을 그리워하는 존재라고 할 수 있습니다. 어떤 사람이든 집을 떠나면 외롭고 공허함을 느끼기 마련입니다. 왜 그런 것일까요? 그것은 바로 하나님이 인간을 공동체적 존재로 만드셨기 때문입니다. 특별히, 인간은 가정을 중심으로 살아가게 창조되었습니다.

인간의 참된 본향

인간의 참된 본향은 어디일까요? 성경은 이 땅에서의 고향보다 더 나은 본향이 있다고 말씀합니다. 히브리서 기자는 말합니다.

> 이 사람들은 다 믿음을 따라 죽었으며 약속을 받지 못하였으되 그것들을 멀리서 보고 환영하며 또 땅에서는 외국인과 나그네임을 증언하였으니 그들이 이같이 말하는 것은 자기들이 본향 찾는 자임을 나타냄이라 그들이 나온 바 본향을 생각하였더라면 돌아갈 기회가 있었으려니와 히 11:13-16

이처럼 하나님을 믿는 사람은 이 땅이 아닌 하늘에 참된 본향이 있다는 사실을 믿는 사람들입니다. 그러므로 하나님의 백성은 이 땅에서 외국인과 나그네처럼 살아야 하는 것이죠. 성도의 삶의 본질적 속성은 이 땅에 뿌리를 두지 않고 영원한 본향을 생각하고 바라보는 것입니다.

예수님을 믿는 사람은 마음의 뿌리를 하늘에 두어야 합니다. 간혹 예수님을 믿는 사람 중에 이 땅에만 마음의 뿌리를 내리려는 사람이 있습니다. 이 세상의 부귀영화를 누리기 위해 애쓰는 사람이지요. 그런 사람은 신앙의 우선순위가 하늘에 있지 않고 온통 이 세상에 있는 사람입니다. 물론 예수님을 믿고 기도하면 능력을 얻고 복을 받을 수도 있습니다. 하지만 이 땅에서 하나님의 도움을 받을 때도 있지만, 그렇지 않을 때도 있지 않나요? 항상 하나님의 도움이 이 땅에 가득함을 경험하지는 않습니다. 이 과정에서 성도는 어려움과 실망, 낙심과 좌절, 의심을 가지기도 하지요. 예수 그리스도와 십자가의 구원은 부인하지 않지만, 일이 잘 풀리지 않을 때 느끼는 어려움이 있습니다. 예수님을 믿고 열심히 기도하고 헌신하고 희생했지만 예수님을 믿기 전보다 더 큰 어려움을 경험할 때도 있습니다. 이것은 육체를 가지고 살기 때문에 오는 어려움입니다.

만약 예수님을 믿은 후에도 계속 이 세상에 마음의 뿌리를 내리려 한다면 어린아이의 신앙에 머물게 될 것입니다. 예수 그리스도를 믿는 성도는 마음의 뿌리를 하늘에 두어야 합니다. 우리의 뿌리는 오로지 영원한 조상이신 하나님 아버지에게 있기 때문입니다. 만약 누군가 이 이야기를 들으면 "당신의 아버지가 하나님 아버지라고요? 육신의 아버지가 속상해 하겠군요!"라고 말할지도 모릅니다. 그러나 하나님의 백성은 기억해야 합니다. 육신의 아버지에게 열심을 다하는 것이 옳지만, 그것에 전심을 다하면 안 됩니다. 육신의 아버지는 이 세상에 있는 동안 하나님이 예정하시고 섭리하신 분으로, 육신의 아버지를 통해 영원하신 아버지, 참된 하나님 아버지를 바라보아야 합니다. 만약 영원한 조상이신 하나님 아버지를 바라보지 못한다면, 어린아이의 신앙에 머물고 말 것입니다.

예수님을 믿는다고 하면서 이 땅에 있는 것에만 관심이 있다면 성숙하지 못한 신앙인이라고 할 수 있습니다. 사도 바울은 예수님을 믿지만 여전히 이 땅에 더 마음의 뿌리를 둠으로 성공하고 높아지려고 하는 성도를 영적인 어린아이라고 표현하지요. 영적인 어린아이는 영적인 세계의 비밀을 알지 못하는 사람이라고 할 수 있습니다.

이 세상의 임금인 사탄은 자신을 경배하라고 집요하게 요청합니다. 자신에게 엎드려 절하면 세상의 영광을 주겠다고 합니다. 실제로 사탄은 이 땅의 영광을 줄 수 있습니다(마 4:8~9). 이 세상은 욕심을 기반으로 한 곳이기 때문이죠. 권력욕을 가진 사람에게는 권력이 주어집니다. 물질의 욕심이 있는 자에게는 물질이 주어집니다. 사탄이 택한 자들에게 세상의 것들을 주는 것이지요. 사탄은 돈을 위해 목숨도 버릴 정도의 충성스러운 자에게 돈을 줄 것입니다. 사탄은 권력을 위해 수단과 방법을 가리지 않는 사람에게 권력을 맡깁니다.

성도는 스스로 '나는 얼마나 하늘을 생각하는가? 나는 얼마나 하늘의 본향을 그리워하는가?'라고 물어보아야 합니다. 우리는 기억해야 합니다. 이 땅은 우리의 고향이 아닙니다. 이 땅은 우리의 집이 아닙니다. 우리의 본향은 가장 높은 하늘임을 기억해야 합니다. 사도 바울은 땅의 일만 생각하면 예수님을 믿어도 십자가의 원수로 행할 수 있다고 경고합니다. 십자가의 원수라니, 이 얼마나 무서운 말입니까? 사도 요한은 육신의 정욕과 안목의 정욕, 이생의 자랑을 따르는 세상의 모든 것 중에 하나님으로부터 온 것이 하나도 없다고 말합니다. 육신의 정욕과 안목의 정욕, 이생의 자랑은 모두 이 세상에 속한 것이기 때문이지요. 우리가 죽을 때 이 세상에 속한 모든 것은 우리에게 등을 돌릴 것입니다. 이 세상의 것들 중에 단 하나도 가지고 갈 수 있는 것이 없습니다.

부끄러운 구원

인간을 창조한 하나님은 썩지 아니할 씨, 영원한 나라를 사모하는 마음을 우리 안에 심으셨습니다.

그러므로 우리는 하나님의 자녀가 된 것이죠. 영원한 하나님이 우리를 만드셨고 우리를 자녀로 삼으셨다면 우리의 고향은 어디인가요? 바로 아버지 하나님이 계신 하늘이 본향입니다. 우리가 본향에 마음을 두고 살아갈 때 하나님도 우리를 도와줄 명분이 생깁니다. 우리가 늘 하늘나라를 사모하며 살아갈 때 하나님은 우리를 보고 기뻐하시는 것이죠. 하지만 "하나님을 믿는다, 예수님을 믿는다"라고 고백하면서도 육신과 세상만을 의지하며 살아가면 하나님의 마음이 어떨까요?

혹여나 하나님을 하나님으로 믿지 않고 하나의 수단, 세상의 정욕과 육신의 정욕, 이생의 자랑을 위한 도구로 생각하는 신앙을 가지고 있다면, 죄송한 말이지만 생명책에서 그 이름이 지워질 수도 있습니다(출 32:32~33, 계 3:5). 아니면 천국에 간다고 해도 부끄러운 구원을 받을 것입니다(고전 3:13~15). 천국에서 상이 없거나 영광도 미미하다는 뜻입니다(고전 15:40~42). 이렇게 말하는 것은 하나님이 계신 본향을 집중하며 살아가자는 것입니다. 세상 사람들이 도무지 알 수 없는 그 기쁨을 경험하며 살기를 소망합니다. 믿는다 하면서도 육신을 위해서 살아가고 세상만을 사랑하면 그 기쁨을 맛볼 수 없습니다. 그렇기에 우리는 훈련을 받아야 하고 경건의 능력을 나타내는 삶을 살아야 합니다. 우리의 몸은 이 땅에 잠시 출장 온 것이며 마음은 하늘에 있어야 함을 기억해야 합니다.

나그네 신앙

믿음의 선조들은 히브리서 11장의 믿음을 본받으라고 말합니다. 하나님의 값진 은혜를 받은 사람이라면 이 땅에서 외국인과 나그네처럼 살아야 합니다. 외국인과 나그네처럼 산다는 것은 무엇인가요? 외국인과 나그네는 매순간 본향을 그리워하는 사람입니다. 앉으나 서나 고향 생각에 사로잡혀 있지요. 타지에 나간 사람은 밟고 있는 땅이 아니라 본향을 그리워합니다. 이처럼 하나님의 백성은 본래 우리가 있던 곳, 즉 하나님 아버지께서 계신 하늘의 본향을 그리워해야 합니다. 성도는 하늘의 본향을 그리워하며 살아가는 나그네임을 기억해야 할 것입니다.

그러나 우리의 모습은 어떤가요? 우리는 한국에 살고 있습니다. 특별히, 한국에서도 한 곳에서 쭉 살아온 사람들은 전혀 불편함이 없는 곳에 산다고 할 수 있지요. 물론 다른 곳으로 벗어나고 싶은 마음이 있을지라도 고향이 주는 안락함을 느낄 것입니다. 그러나 살고 있는 땅을 떠나 타국에서 오랜 시간 지내야 한다고 생각해 봅시다. 음식부터 문화까지 불편한 것이 얼마나 많겠습니까? 우선 된장이 그리워질 것입니다. 된장찌개부터 시작해서 된장으로 싸먹는 음식이 생각날 것입니다. 주변 사람들과의 대화도 불편해질 것입니다. 소통이 잘 되지 않을 것이며 유머 코드도 맞지 않아 쉽게 소외감을 느끼게 되지요. 이런 상황을 경험하면 자연스럽게 고향을 그리워하는 이방인이 되지 않을까요? 이것이 바로 히브리서 기자가 "나그네처럼, 외국인처럼 살라"라는 권면입니다. 나그네와 외국인처럼 이 땅을 살아가지만 이 땅에 마음의 뿌리를 두기보다는 하늘의 본향을 그리워하라는 것이지요. 무엇을 하든, 어디를 가든 본래의 고향, 하나님이 있는 그곳을 생각하며 살아가라는 메시지입니다.

영적으로 성숙한 사람은 하늘의 것을 바라보며 하나님이 주시는 상에 관심이 있지요. 하나님이 하늘의 상을 주시는 분임을 믿는 사람은 물질과 지식, 명성과 명예, 삶의 시간을 주변 사람들에게 나눕니다. 성숙한 사람은 계속 하늘을 바라보기 마련입니다. 하늘 중에서도 가장 높은 곳에 마음이 가있으면 그곳으로부터 오는 영적인 지혜를 깨닫게 됩니다. 사도 바울은 에베소서에서 이렇게 말합니다.

우리 주 예수 그리스도의 하나님, 영광의 아버지께서 지혜와 계시의 영을 너희에게 주사 하나님을 알게 하시고 너희 마음의 눈을 밝히사 그의 부르심의 소망이 무엇이며 성도 안에서 그 기업의 영광의 풍성함이 무엇이며 그의 힘의 위력으로 역사하심을 따라 믿는 우리에게 베푸신 능력의 지극히 크심이 어떠한 것을 너희로 알게 하시기를 구하노라 엡 1:17-19

지혜와 계시의 영을 주신다고 합니다. 우리의 눈을 밝히시어 영적인 안목, 영적인 지각을 여신다고 합니다. 여러분의 시선은 어디에 있나요? 영적인 시선이 하늘에 있어서 그곳으로부터 오는 영적인 지혜가 나날이 넘치나요? 아니면 이 땅의 것에 온 관심을 기울이고 집중하고 있나요?

이런 세상 가운데 다니엘의 모습은 얼마나 멋진지 모릅니다. 다니엘은 이 땅의 것에 집중하지 않고 하나님이 계신 하늘에 뿌리를 두고 살았습니다. 처음에는 고생하는 것처럼 보이고 또 힘든 일이 생기기도 했습니다. 하지만 계속 믿음을 지키고 하늘을 뚫어져라 바라보니 어떻습니까? 하나님이 승리하게 하지 않으십니까? 혹여나 이 땅에서 많은 시험과 고난을 통과한다 해도 저 영원한 하늘의 상급이 있지 않습니까? 히브리서에 기록된 것처럼 외국인과 나그네처럼 본향을 사모하며 살아가니 승리하게 되는 것입니다.

예수님을 적당하게 믿으면 부모님, 남편, 아내, 자식들과의 갈등은 적을지 모르지요. 그러나 깊이 빠져들기 시작할 때 마음과 생각의 차이로 인한 갈등이 생깁니다. 주님을 뜨겁게 사랑하고 주님의 사랑의 깊이를 알면 가정의 불화가 생길 수도 있는 것이지요. 이것이 사람의 질투심이라고 할 수 있습니다. 하나님의 크신 은혜를 경험하면 사랑에 빠지게 됩니다. 하나님 사랑의 이치를 깨닫게 되면 그분의 말씀을 이루고 싶은 마음이 불같이 일어나는 것입니다. 이것이 값진 은혜입니다. 은혜를 인간 중심적으로 생각하면 값싼 은혜가 되지만 하나님의 뜻을 이루고 싶은 마음이 일어나면 값진 은혜가 되는 것입니다.

여러분, 이 땅이 너무 재미있고 마냥 편안하면 곤란합니다. 오늘날 우리는 코로나19 바이러스 때문에 많은 불편함이 있습니다. 불편함이 주는 교훈이 무엇인가요? 하늘을 바라보라, 본향을 향해 갈 준비를 하라는 의미가 아니겠습니까? 나그네는 본인이 있는 곳에 안주하지 않습니다. 지속적으로 본향을 향해 나아갑니다. 하나님의 값진 은혜를 깨달은 성도는 나그네 신앙으로 살아가는 사람입니다.

핵심과 나눔(Key points & Sharing points)

K1. 인간의 참된 본향은 어디인가요?

_____

_____

K2. 나그네로 사는 인생이 받는 복은 무엇입니까?

_____

_____

S1. 인간의 참된 본향으로 나아가지 못하도록 방해하는 요인이
   무엇인지 나눠봅시다.

_____

_____

S2. 코로나19로 인해 생긴 불편함이 영적으로 어떤 영향을 주는지
   나눠봅시다.

_____

_____

_____

_____

2장 / 죽음을 향하게 된 인간

행복한 정원과 오염된 정원

이 땅에서 사람이 원래 살던 집이 있습니다. 그 집의 이름은 에덴동산입니다. 에덴동산은 정확하게 번역하면 '에덴가든'이라고 할 수 있습니다. 에덴이라는 말은 기쁨, 행복이라고 생각하면 됩니다. 즉 행복한 정원, 기쁨의 정원입니다. 사람이 살던 집의 원래 개념은 행복한 정원입니다. 하나님이 사람을 지으신 후 살게 하신 곳이 바로 에덴가든입니다.

하지만 죄가 들어오면서 에덴가든이 오염되기 시작했습니다. 오늘날 자연세계는 서로 전쟁을 일으키는 것처럼 보입니다. 이 세상은 혼돈과 사망으로 가게 되었습니다(약 1:15). 식물계, 동물계, 미생물계, 바이러스계도 마찬가지입니다. 이 세상은 죄 때문에 멸망의 길을 향하게 되었습니다. 하나님이 행복한 정원으로 만든 이 세상이 파괴되어 버린 것이죠.

인간의 본래 사명

창세기 2장에서 하나님은 흙으로 사람을 만듭니다. 인간의 원재료는 흙입니다. 하나님은 흙으로 사람을 지으시고 생기를 불어넣죠. 생기라는 말은 히브리어로 루아흐이며, 이 말은 하나님의 영을 가리킵니다. 하나님은 생기를 인간에게 불어넣었고 에덴가든을 경작하고 지키도록 했습니다. 사람의 본래 사명은 집인 에덴가든을 파괴하려는 원수로부터 집을 지키고 가꾸는 것이었습니다. 고린도전서 3장에서도 비슷한 말이 나옵니다.

너희는 너희가 하나님의 성전인 것과 하나님의 성령
이 너희 안에 계시는 것을 알지 못하느냐

고전 3:16

흙으로 만들어지고 하나님의 영을 받아들인 사
람은 걸어 다니고 살아있는 성전입니다. 이 성전
을 돌보고 지키는 왕같은 제사장입니다. 성전의 핵
심은 '하나님의 영'입니다. 우리는 예수 그리스도를
믿고 하나님의 영을 받아들였으므로 성전이 되었
습니다. 성전이 되었다는 것은 거룩한 집이 되었다
는 뜻입니다. 거룩한 집이 되었다는 것은 하나님의
거룩한 뜻, 하나님의 거룩한 말씀대로 살아가기를
힘써야 한다는 뜻입니다.

하지만 하나님을 믿는다고 하면서, 하나님의 영
을 모셨다고 하면서도 성전에서 자신의 욕심을 추구
하며 우상을 숭배하는 경우가 있습니다. 하나님의
영을 모신 성전을 더럽히는 사람의 결과는 어떻게
될까요? 그 결과는 멸망과 심판이라고 하십니다.

누구든지 하나님의 성전을 더럽히면 하나님이 그 사람을 멸하시리라 하나님의 성전은 거룩하니 너희도 그러하니라 고전 3:17

하나님의 영을 모신 성전이 하나님을 예배하지 않고 경배하지 않으면 멸망과 심판을 받게 됩니다. 이 말씀은 얼마나 무서운 경고의 말씀인지 모릅니다. 육신적인 죽음인 첫째 사망이 바로 그 경고의 증거입니다. 첫째 사망은 믿는 자와 믿지 않는 자 모두가 죽게 되는 것을 의미합니다. 이것으로 끝이 아닙니다. 둘째 사망이 우리를 기다리고 있는데, 이는 영원한 사망입니다. 영혼의 사람, 속사람이 생명의 근원이신 하나님에게서 영원히 분리되는 상태입니다.

둘째 사망과 영원한 생명

창세기 2장에서 하나님은 사람이 혼자 지내는 것이 좋지 않아 돕는 배필을 만드십니다. 하나님은 아담을 깊게 잠들게 합니다. 깊게 잠든다는 말은 아담이 죽었다고 해석해 볼 수 있습니다. 하나님이 아담을 통해 하와를 만드실 때 아담은 죽음을 경험했던 것이죠. 그리고 이 아담의 죽음과 갈비뼈를 통해 하와가 태어나게 됩니다. 하나님은 첫째 아담을 죽이시고, 그의 갈비뼈를 통해 여자를 만드시고, 마지막으로 아담을 부활시키고 다시 살리십니다.

깊이 잠든다는 표현은 신약성경에서도 비슷하게 등장합니다. 그리스도 안에서 잠자는 자들은 '육체적으로 죽었다'라는 뜻입니다. 아담의 갈비뼈로 여자를 만든 사건은 예수님이 마지막 아담으로 죽으시고 부활될 것을 예고합니다. 첫째 아담이 죽음에서 부활하듯 마지막 아담의 죽음과 부활을 통해 교회와 성도, 하나님의 백성들도 그것에 참여하게 될 것입니다.

신약성경은 예수님을 '마지막 아담'으로 소개합니다(고전 15:45). 이 마지막 아담인 예수님도 죽음을 경험하지요. 로마 병사가 창으로 예수님의 옆구리를 찌릅니다. 예수님은 물과 피를 쏟지요. 그뿐만 아니라 예수님은 물과 피와 성령을 통해 우리에게 다가오십니다. 마치 첫째 아담의 죽음을 통해 여자가 태어난 것처럼, 예수님의 죽음을 통해 교회와 성도, 영적인 이스라엘이 태어난 것이죠.

신학자들은 여자인 하와를 '이스라엘', '신약성경의 성도', '교회'라고 해석하기도 합니다. 이스라엘의 뜻이 무엇입니까? 심판하시는 하나님과 싸워서 이기고, 원수된 사람과도 싸워서 이긴다는 뜻이 있지요. 우리는 예수 그리스도의 희생의 피로 사신 영적인 이스라엘입니다. 이 세상의 임금인 죄와 사망의 권세는 우리를 둘째 영원한 사망에 떨어지도록 만듭니다. 하지만 영적인 이스라엘은 유월절 어린양 예수님의 피의 은혜로 그것조차도 이길 수 있게 되는 것이지요. 이것이 축복이 아니겠습니까?

핵심과 나눔(Key points & Sharing points)

K1. 하나님의 영을 받아들인 사람은 어떤 삶을 추구합니까?

K2. 아담의 갈비뼈로 하와를 만든 사건은 어떤 의미가 있습니까?

S1. 심판하시는 하나님과 싸워 이긴다는 말은 어떤 의미인지 생각해보
고 나눠봅시다.

3 장 / 만물의 회복

그리스도의 왕권

세상은 죄 때문에 죽음을 향하게 되었지만, 하나님은 예수 그리스도 안에서 새로운 삶을 향하게 만드셨습니다. 하나님은 "하늘에 있는 것이나 땅에 있는 것이 다 그리스도 안에서 통일되게 하려" 하십니다(엡 1:10). 하나님은 죽음의 위협 안에 있는 세상을 그리스도 안에서 새로운 피조물이 되게 하십니다(고후 5:17).

로마서는 만물이 예수 그리스도에게서 나오고, 예수 그리스도에게 돌아간다고 말씀합니다.

이는 만물이 주에게서 나오고 주로 말미암고 주에게로 돌아감이라 그에게 영광이 세세에 있을지어다 아멘 롬 11:36

이것이 믿어지나요? 예수 그리스도에게서 만물이 나왔다는 말을 이성적으로 믿기는 쉽지 않습니다. 성경은 예수 그리스도가 없으면 이 세상도 있을 수 없다고 말합니다. 예수 그리스도를 통해 만들어진 만물은 예수 그리스도에게서 나오고, 예수 그리스도에게로 다시 돌아갑니다.

만물이 예수 그리스도에게 다시 돌아갈 때, 그리스도의 왕국이 온전히 시작되는 것입니다. 이때 그리스도는 왕권을 우리에게 나눠주는 것이죠. 그러나 생각해 봅시다. 적당히 하나님을 사랑하고, 적당히 믿고, 적당히 죄를 짓고, 엉터리로 살아가는

데 그리스도의 왕권을 과연 나눠 받을 수 있을까요? 온전한 믿음을 가지고, 아버지의 뜻대로 기도하고, 마음과 충성을 다하는 하나님의 백성에게 왕권을 나누어 주지 않겠습니까?

그러므로 우리의 시선은 항상 만물이 소생하는 그곳을 향해야 합니다. 이 땅은 죄 때문에 오염되었기 때문에 인생의 쓴맛을 느낄 수밖에 없습니다. 직장의 쓴맛, 가정의 쓴맛, 신앙의 쓴맛, 교회의 쓴맛을 맛볼 수밖에 없습니다. 이 죄 때문에 생긴 쓴맛을 해독하기 위해 영원히 단물이 넘쳐흐르는 하늘에 온 마음을 두고 살아야 하는 것이죠(계 22:1~2). 예수 그리스도는 그분의 왕권을 통해 마침내 약속대로 만물을 회복시킬 것입니다. 이때 그리스도의 왕권에 참여할 수 있기를 바랍니다.

서로 사랑하라

첫째 아담은 여자를 보고 사랑하는 마음을 듬뿍 담아 이렇게 고백합니다.

이는 내 뼈 중의 뼈요 살 중의 살이라 이것을 남자에
게서 취하였은즉 여자라 부르리라 하니라 창 2:23

이처럼 아담을 만드신 하나님은 사랑의 하나님
이십니다. 사랑의 하나님은 우리에게 아담의 고백
처럼 타인을 사랑할 것을 명령하십니다.

사랑의 사도, 요한은 "하나님은 사랑이심이라"
라고 말한 후, 그러므로 "서로 사랑하자"라고 강력
하게 말합니다(요일 4:7). 출애굽기에 등장하는 십
계명의 정신과 율법의 모든 정신은 '사랑'이 근본
정신입니다.

하나님의 명령은 크게 두 가지로 생각해볼 수
있습니다. 첫 번째는 수직적인 명령이며, 두 번째
는 수평적인 명령입니다. 수직적인 명령은 삼위일
체 하나님을 향해 마음과 뜻, 생명과 힘을 다해 사
랑하는 것입니다. 두 번째 명령은 사람들 사이에
서로 사랑하라는 것입니다. 서로 사랑할 때 어떻
게 사랑해야 할까요? 바로 첫째 아담의 고백처럼

사랑해야 합니다. 서로 **뼈** 중의 **뼈**, 살 중의 살처럼 여기며 사랑해야 합니다. 이것이 "네 이웃을 네 몸과 같이 사랑하라"라는 예수님의 명령입니다(눅 10:27).

여러분은 어떻습니까? 자신의 몸처럼 누군가를 사랑하고 있습니까? 여러분의 사랑에 문제가 있지는 않나요? 평생 사랑하겠다고 맹세했던 남편과 아내도 서로 사랑하기가 쉽지 않을 것입니다. 처음에는 좋겠지만, 육체적인 끌림이 사라지고 아이를 키우고 여러 가지 갈등을 맞이하다 보면 서로 사랑하기가 어렵습니다. 하나님은 왜 이런 갈등을 허락하실까요? 그것은 바로 하나님을 더욱 의지하라는 뜻입니다. 이런저런 고생을 통해 참된 신랑이신 예수님을 더욱 바라보라는 뜻이죠.

이 땅에만 뿌리를 내리는 신앙은 결국 쓴뿌리가 생기게 됩니다. 코로나19 바이러스가 만연한 오늘날 여러분의 신앙의 모습은 어떻습니까? 대면, 비대면 예배의 갈등 속에 영적으로 낙심, 침체, 후퇴

하고 있지는 않습니까? 하지만 하늘에 마음 초점을 둔 성도는 어떨까요? 하늘에 마음의 뿌리를 둔 사람은 상황과 상관 없이 더욱 열심을 가집니다. 신앙의 뿌리를 하늘에 두어야 합니다(시 1:1~3). 이 땅에 내린 뿌리를 뽑아 반복해서 하늘 위에 꽂는 연습을 해야 합니다. 이 연습이 반복되면 성령의 열매가 나타나기 시작하고 믿음이 쑥쑥 자라게 됩니다.

핵심과 나눔(Key points & Sharing points)

K1. 세상은 죄 때문에 죽음을 향하게 됐지만 피조물을 향한 하나님의
소원은 무엇입니까?

K2. 하나님의 명령 두 가지는 무엇입니까?

S1. 당신은 신앙의 뿌리를 어디에 두고 있습니까?

4장 / 하나님의 은혜

원시 율법과 은혜의 법

창세기 3장에서 뱀이 사람을 유혹하는 모습이 등장합니다. 뱀의 유혹을 따라가면 결국 멸망을 당합니다. 뱀은 누구입니까? 이 세상의 임금입니다. 이 세상의 임금은 사망의 신이라고 할 수 있습니다. 세상의 임금을 따라가면 멸망을 당하게 됩니다. 하지만 세상의 임금은 멸망을 당하지 않을 것처럼 말합니다.

예수님을 믿는다고 시험이 없을까요? 그렇지 않습니다. 에덴동산 한 가운데 생명나무와 선악을 알게 하는 나무가 있었습니다. 생명나무의 열매를 먹으면 영원히 살 수 있었습니다. 그 옆에는 선악을 알게 하는 나무가 있었지요. 이 선악을 알게 하는 나무는 지금 우리 마음에도 있습니다. 예수님을 믿어도 사탄은 그 나무의 열매를 먹으라고 유혹합니다. 선악을 알게 하는 나무는 '각자의 생각을 따르는 것', '자신의 생각을 믿게 만드는 것'이라고 할 수 있습니다. 사탄의 유혹은 하나님의 구원 계획이 엉터리로 보이게 만듭니다. 인간이 자기 자신의 지식에 취하게 만들고 그것을 신뢰하게 만드는 것이죠. 예수님을 믿는 사람도 사탄의 미혹에 넘어가고 속을 수 있다는 사실을 기억해야 합니다.

옛 뱀의 역사는 어떻습니까? 선악을 알게 하는 나무를 먹게 만들어 하나님과의 관계를 깨지게 만듭니다. 자기의 생각에 도취하게 만듭니다. 자신의 판단을 신뢰하게 만듭니다. 하나님의 자리를 넘보게 만듭니다. 사랑의 하나님을 등지게 합니다. 수직적인 관계가 깨지니 수평적인 관계도 자연스럽게 깨지게 됩니다. 수직적 관계가 깨진 아담과 하와의 사이는 어땠을까요? 제 추측에는 서로 싸웠을 듯합니다. 사투리도 쓰면서 "이 여편네야, 니 때문에 묵었다 아이가?" 그러면 하와가 말했겠죠. "니는 뭐 잘했다고 그래 말하노? 내가 묵을 때 좀 말리지?" 아마 이렇게 싸우지 않았을까요?

하나님은 생명나무와 선악을 알게 하는 나무를 통해 교육하셨습니다. 하나님은 태초부터 인간을 향한 뜻을 가지고 있었습니다. 이 뜻을 원시 율법이라고 합니다. 원시 율법은 쉽게 말하면 양심이라고 할 수 있습니다. 하나님은 우리의 마음에 양심을 심으셨던 것이죠. 일종의 원시 율법에 해당되는 선악을 알게 하는 나무의 열매를 먹고 영원한 생명으로부터 멀어지게 된 것입니다. 그러나 지금은 유월절 어린양이 되신 예수님이 흘리신 속죄의 피 덕분에 생명의 성령의 법이 적용되는 시대를 살아고 있습니다. 이 세상에 적용되고 있는 하나님의 법은 원시 율법이 아니라 은혜의 법입니다. 여러분은 예수님을 믿고 어떤 법을 따라가겠습니까? 원시 율법입니까? 아니면 은혜의 법입니까? 바라기는 생명의 성령의 법을 따라가길 소망합니다. 그럴 때 우리에게 주어진 모든 것, 심지어 질병, 핍박, 고생, 죽음도 영원한 생명을 위한 은혜로 해석되기 시작할 것입니다.

우리는 이때까지 인생의 여러 가지 쓴맛을 보았습니다. 직장에서, 교회에서, 부부 사이에서, 가족 관계에서, 부모와 자식 사이에서 고생하고 고난을 당하기도 했을 겁니다. 그러나 이 모든 것은 생명의 성령의 법 안에서 의미 있는 일이 될 수 있습니다. 왜냐하면 은혜의 법을 배울 수 있기 때문입니다. 이 모든 갈등을 통해 예수 그리스도를 알아갈 수 있습니다. 은혜의 법은 인생의 모든 쓴맛조차도 예수 그리스도를 더욱 알아가는 밑거름으로 변화시켜 줍니다.

하나님의 은혜

하나님은 수직적, 수평적 관계가 깨진 아담에게 가죽옷을 입히십니다. 옷을 만들기 위해 어린 양의 가죽을 벗길 때 아마 피가 나지 않았을까요? 성경전서 곳곳에는 이 어린 양의 피가 흐르고 있습니다. 성자 하나님이신 예수 그리스도의 피가 여기저기에 흐르고 있는 것이죠. 창세기부터 요한계시록까지 예수 그리스도의 보혈이 없는 곳은 없습니다. 아담이 입은 가죽옷은 어린 양이 흘린 피의 희생을 통해 얻을 영원한 생명을 가리킵니다. 하나님은 죄와 수치심으로 죽을 수밖에 없는 아담을 가죽옷으로 덮어주십니다. 그리고 하나님은 아담을 에덴동산, 즉 본향집에서 쫓아내십니다.

하나님은 왜 아담을 집에서 쫓아내셨을까요? 그것은 바로 아담의 후손인 모든 죄인에게 하나님의 뜻을 가르치시기 위함입니다. 우리는 모두 본향에서 쫓겨난 사람들임을 일깨워주시는 것이죠. 오늘날 우리는 예수님을 믿고 어디를 향해 가고 있을까요? 만물이 주님께로 돌아가듯, 우리도 하늘에 예비된 새로운 에덴동산, 새로운 기쁨과 행복이 충만한 정원, 영원한 천국, 즉 본향으로 돌아가고 있는 과정에 있습니다.

> 여호와의 말씀이니라 배역한 자식들아 돌아오라 나는 너희 남편 임이라 내가 너희를 성읍에서 하나와 족속 중에서 둘을 택하여 너희를 시온에서 데려오겠고 내가 또 내 마음에 합한 목자들을 너희에게 주리니 그들이 지식과 명철로 너희를 양육하리라 렘 3:14

예레미야의 말씀은 예수 그리스도에게 돌아오라는 의미로 해석할 수 있습니다. 삼위일체 하나님 중에 직접적으로 인류를 구원하시기 위해 희생제물이 되신 분은 예수 그리스도입니다. 삼위일체 하나님은 예수 그리스도를 통해 인류를 구원하시기로 작정하셨습니다. 우리는 그분을 통해 본향집으로 돌아가는 것이죠. 십자가의 피를 통해, 유월절 어린 양의 죽음과 부활을 통해 말이죠.

　이것이 성경 전체를 해석하는 절대적인 기준입니다. 모든 성경은 예수 그리스도를 통해 해석되어야 합니다. 성경은 '귀인이 온다, 어디에 땅을 사야 한다, 무엇이 건강에 좋다.'는 식의 잡다한 세상 지식을 위한 책이 아닙니다. 예수 그리스도의 피를 통해 구원을 받는 이야기가 가장 핵심입니다. 지혜와 계시의 성령의 도우심을 받아 성경 어느 곳에서든 예수 그리스도의 사랑과 은혜를 발견할 수 있기를 소망합니다. 우리는 종종 성경을 자의적으로 내 유익을 위해 해석하곤 합니다. 육신의 정욕을 채우는 수단으로 말씀을 보는 것이죠. 우리의 죄된 본성은 사람들을 이 땅에만 집착하게 합니다. 이 땅만을 고향으로 생각합니다. 그러나 하나님은 우리를 하늘의 영원한 집, 본향으로 데려가고자 하십니다. 바라기는 예수 그리스도를 향해 살며, 끊임없이 우리의 시선이 예수 그리스도와 하늘의 본향을 향하기를 소망합니다.

뱀의 유혹을 이기는 방법

성경은 '사랑의 하나님'을 본받으라고 합니다.

> 그러므로 사랑을 받는 자녀 같이 너희는 하나님을 본
> 받는 자가 되고 엡 5:1

하나님을 으뜸으로 먼저 사랑하면 사람을 사랑할 수 있는 능력이 생깁니다. 그래서 성령은 사람을 먼저 사랑하라고 하지 않습니다. 하나님을 사랑할 때 서로 사랑하게 됩니다. 하나님을 사랑하는 연습을 하십시오. 하나님을 사랑하듯 이웃을 내 몸처럼 사랑하는 연습을 하십시오. 최고의 연습 장소는 어디일까요? 바로 가정입니다. 부부 사이, 자녀 관계에서 시작해 보시길 바랍니다. 가정에서 서로 사랑하면 그 영역이 조금씩 넓어집니다. 가정에서 학교, 학교에서 직장, 점점 사랑의 영역이 넓어지는 것이죠. 그러면서 원수까지도 용서하고 긍휼히 여기는 데까지 발전하는 것입니다.

하나님을 사랑하는 마음이 깊어질수록 더 폭넓게 서로 사랑하게 되는 것이 사랑의 원리입니다.

만약 주변에 사랑할 수 없는 사람이 있습니까? 혹시 여러분의 마음을 찢어지게 만드는 사람이 있지는 않나요? 하나님은 여러분을 성숙한 사람으로 빚으시기 위해 원수를 사랑의 스파링 파트너로 허락하신 것입니다. 여러분의 마음이 상할 때마다 이 사실을 기억하길 바랍니다. 원수는 내 존재를 성숙하게 만드는 훈련 교관입니다. 원수를 충분히 사랑하는 사람이 되면, 원수가 언제 그랬냐는 듯 괴롭히지 않을 것입니다.

> 기록된 바 잉태하지 못한 자여 즐거워하라 산고를 모르는 자여 소리 질러 외치라 이는 홀로 사는 자의 자녀가 남편 있는 자의 자녀보다 많음이라 하였으니
>
> 갈 4:27

성도의 정체성은 '그리스도의 신부', '어린 양 예

수의 아내'입니다(계 21:9). 사실 모든 성도는 말씀을 전파함으로 영적인 자녀를 낳는 수고를 해야 합니다. 그뿐만 아니라 영생의 말씀으로 영적인 자녀를 양육해야 합니다. 복음으로 영적인 해산과 수고에 힘써야 합니다. 우리는 영적인 자녀들과 함께 본향으로 돌아가야 합니다. 이것이 신랑 예수님이 원하시는 뜻입니다. 하지만 모두가 이 뜻대로 살기는 어렵습니다. 하나님의 해산과 양육의 수고를 감당하기 쉽지 않기 때문입니다. 하나님의 고통과 수고에 동참하는 것이 영원의 관점에서는 엄청난 축복임을 깨닫기를 소망합니다.

예수께서 이르시되 내가 진실로 너희에게 이르노니 나와 복음을 위하여 집이나 형제나 자매나 어머니나 아버지나 자식이나 전토를 버린 자는 현세에 있어 집과 형제와 자매와 어머니와 자식과 전토를 백배나 받되 박해를 겸하여 받고 내세에 영생을 받지 못할 자가 없느니라 막 10:29-30

하나님의 뜻에 순종하는 자녀는 이 땅에서도 천
대까지의 복과 영원한 복을 받습니다(출 20:6; 막
10;29-30). 성경은 하나님의 뜻에 순종할 때 핍박이
있을 수도 있다고 하지만 현세에서 백배의 유산을
받을 수도 있다고 하십니다. 영원한 천국에서도 복
을 받지만, 이 땅에서도 그 복을 미리 맛볼 수 있다
고 말씀하고 있습니다.

> 이기는 자는 이것들을 상속으로 받으리라 나는 그의
> 하나님이 되고 그는 내 아들이 되리라 계 21:7

성경은 "이기는 자는 영원한 생명의 복락을 상
속으로 받으리라"고 말씀합니다. 이기는 자는 어떤
사람일까요? 세상의 임금과 세속적 가치관에 무릎
을 꿇고 이 땅에 뿌리를 내린 사람일까요? 아니면
이 믿음을 시험하는 세상의 임금을 이기고 하나님
을 기쁘시게 하는 삶을 산 사람일까요? 이기는 자
는 다름 아니라 그리스도의 신부로서 영적인 자녀

를 낳고 기르고 양육하는 사람이 아닐까요? 이 땅에서 하나님 능력의 통로가 되고 서로 사랑하며, 서로 사랑하기에 힘쓰는 사람이 영원한 생명의 복락을 누리게 될 것입니다. 하나님께서 예비해두신 영원한 본향인 새 예루살렘성, 새 에덴동산에서 영생 복락을 상속으로 받을 수 있기를 축복합니다.

핵심과 나눔(Key points & Sharing points)

K1. 성경의 가장 핵심 메시지는 무엇입니까?

K2. 성도의 정체성은 무엇입니까?

S1. 당신은 이기는 자의 삶을 살고 있습니까?

S2. 생활선교사로서 지금 내가 사랑해야 할 대상은 누구인지,

어떻게 사랑할지 나눠봅시다.

생선 아카데미 / 인간론 ❶

본향을 향하여

2022년 9월 1일 초판 2쇄

지 은 이 | 박진석

펴 낸 이 | 김수홍
편   집 | 유동운, 김설향
디 자 인 | 사라박
펴 낸 곳 | 도서출판 하영인
등   록 | 제504-2019-000001호
주   소 | 포항시 북구 삼흥로411
전   화 | 054) 270-1018
블 로 그 | https://blog.naver.com/navhayoungin
이 메 일 | hayoungin814@gmail.com
인스타그램 | https://www.instagram.com/hayoungin7

ISBN 979-11-971556-7-3(03230)

값 4,900원

※ 낙장 · 파본은 교환해 드립니다.

* 도서출판 하영인은 복음이 전해지지 않은 곳에 신앙에 유익한 도서를
  보급하는 데 앞장섭니다. 해외 문서 선교에 관심있는 분들의 참여를
  기다립니다.
  후원 _ 국민은행 821701-01-597990 도서출판 하영인